THÈSE

POUR LA LICENCE

PAR

Henry BOYER

Né à NIMES (Gard)

NIMES

DE L'IMPRIMERIE CLAVEL-BALLIVET et Cº

12, RUE PRADIER, 12.

—

1867

A LA MÉMOIRE DE MON ONCLE

Alphonse BOYER

Avocat à Nimes

A MON PÈRE ET A MA MÈRE

A MES FRÈRES ET SŒURS

A MES PARENTS ET AMIS

JUS ROMANUM

DE PECULIO

(DIG., LIB. XV, TIT. I.)

Ab initio rerum Romanarum, omnia circum seipsam absumebat patrumfamilias potestas. Non possidere, neque acquirere, neque obligationis vinculum suscipere poterat, quisquis erat in ditione alienâ. Filiofamilias aut servo omnia quæ eveniebant, patris familias aut domini patrimonium augebant, adeo ut res dare, vendere uterque posset, ac, ad suum arbitrium, uti rebus quas sic adeptus erat.

Sola quoddam laxamentum illi summo juri dabat peculii institutio; videamus ubi constaret.

Designabatur peculium, in vetere jure Romano, « quod paterfamilias » aut dominus ex suis bonis separaverat et filio vel servo administrandum » dederat. »

In Digestis reperitur hæc alia peculii definitio :

« Peculium est quod servus, domini permissu, separatum a ratio- » nibus dominicis habet, deducto inde si quid domino debetur. »

Nunc scimus quid sit peculium; uteamur igitur :

1º Quibus ex rebus conflaretur peculium;

2º Quomodo et a quibusdam hominibus formari posset;

3º Quomodo imminueretur et augeretur;

4º Quomodo finiret;

5º Quædam ad filios familias et ad servos, de peculio pertinerent.

I.

In peculio autem res esse possunt omnes et mobiles et soli. Vicarios quoque in peculium potest habere servus et vicariorum peculium, hoc amplius et nomina debitorum, et etiam, ut dixit Pomponius, non solum id peculium est quod dominus servo concessit, verum id quoque quod ignorante quidem eo acquisitum sit, tamen si rescisset passurus fuisset esse in peculio.

II.

Non statim, quod dominus voluit ex re sua peculii esse, peculium fecit: sed si tradidit aut cum apud servum esset pro tradito habuit, desiderat enim res naturalem dationem.

Patresfamilias et domini peculium filiis suis vel servis constituere poterant, quod non pupillo vel insano licebat; verum peculium ante constitutum (id est ante insaniam, vel a patre pupilli) non ex his causis adimetur.

III.

Eodem modo quo creabatur, augebatur peculium, voluntate domini comitante vera traditione rei commissæ.

Ex disciplina, voluntate patrisfamilias aut domini minuebatur, sed saepe fiebat ut ignorante domino vel patrefamilias , minueretur peculium, velut, quum damnum domino vel patrifamilias daret servus aut filius aut furtum faceret.

IV.

Attamen cessabat voluntate sola domini, peculium quod solummodò vera traditione rei constitui poterat.

V

Nunc illam institutionem peculii planè cognoscimus ; quædam haberent jura de eo, filiifamilias servique cognoscenda sunt.

A principio, peculii administrationem solummodo habebat uterque, alienare interdicebatur eis, nisi tamen eis illud jus concessisset paterfamilias aut dominus, sed nunquam illam facultatem concessam fuisse constitutione peculii animadvertendum est; attamen incidebant casus in quibus fingendum ex necessitate permissum ; sic quum suum servum cuidam mercaturæ præficeret dominus.

His exceptis, inter filium familias et servum hoc intererat, quod huic permissione prius ad alienandum opus erat, censebatur contra filius, præter expressam defensionem , liberam peculii administrationem semper habere.

Sed siquidem dominus servo liberam peculii administrationem dedisset, quædam acta quæ filiofamilias licebant, hic facere non poterat, scilicet :

1º Compromittere de peculio, arbitros sumere potest filius, sed nunquam servus. Ex compromisso pater tenebitur;

2⁰ Quum fidejussor pro altero fuerit filius, patrem suum obligat. Si contra quasi intercessor, servus intervenerit, non rem peculiarem agens, non obligatur dominus de peculio;

3⁰ Si filiusfamilias jusjurandum detulerit, et juratum sit, de peculio danda est actio, sed in servo diversum est;

4⁰ Tandem filiusfamilias stare in judicio potest, quod servo non licet.

De actionibus quæ oriuntur ex peculio

Creditoribus qui cum filio vel servo contraxerunt, adversus patrem aut dominum, ad persequendum quod sibi debeatur, tres actiones sunt. Quæquidem :

1⁰ Actio de peculio ;

2⁰ Actio quod jussu ;

3⁰ Actio de in rem verso.

I.

Actio peculii datur adversus dominum, cujus servus de administratione peculii res contraxit; actionem solummodo de peculio potest exercere creditor, deducto quod domino debetur et si quid (ut dixit Servius) his debeatur qui sunt in ejus potestate.

Illa actio perpetua aut temporaria est.

Quamdiu servus vel filius in potestate erit perpetua est actio.

Quum autem morte aut mancipatione, aut manumissione aut alienatione, patris vel domini potestas desiit, temporaria esse incipit actio, id est annua.

II.

Actio quod jussu, adversùs dominum jussu cujus res contraxit servus, a pretore datur, tanquam contraxisset creditor cum domino qui jussit. Adversùs dominum, de omnibus rebus potest exercere creditor.

III.

Actio de in rem verso datur, qum illi qui sunt in ditione aliena, nihil habent in peculio, aut quum, quod possident non ad satisfaciendum creditoribus sufficit, tunc hi qui eos sub sua ditione tenent, causa lucri percepti ex obligatione coguntur; tanquam, ea de re, cum ipsis fœdus ictum fuisset.

Quiquid de servo hactenus diximus, ad servum quem, nos vere possessores, sub nostra ditione tenemus, pertinet ; sed in quibus casibus, adversus illum qui solummodo usufructuarius est, aut in usu servum habet, actionem aget creditor ? Huic interrogationi in Digestis responsum reperitur.

De peculio actio (sicut Digesta ferunt) et aliæ pretorienses actiones adversus illum qui usumfructum, aut usum servi habet non intendi poterunt, nisi in casibus in quibus servus domini causâ acquireret ; his casibus exceptis ad herum dominii adeundum est.

Peculium de quo locuti sumus, peculium originarium est. Profectitium vocatur quod proficiscitur a patre, illequidem est qui alicujus rei aut alicujus partisbonorum filiis suis dat administrationem, suo autem nomine et indulgentia, illi enim recipere aut minuere periculum, quum vellet, licebat.

En primò solum laxamentum filiorumfamilias conditioni allatum, sed acerbitate veteris juris in dies senescente, quarta alia peculia imperatoriis constitutionibus creata sunt:

1º Peculium castrense;

2º Peculium quasi castrense;

3º Peculium adventitium;

4º Peculium extraordinarium.

Unumquodque horum peculiorum nobis definiendum est.

I.

Peculium castrense constabat: ex omnibus rebus militi ad expeditionem quamdam proficiscenti datis, ex omnibus bello acquisitis, ex hæreditatibus a suis comitibus bellicosis derivantibus, dummodò aditum ad militiam non antecederet testamentum, et denique, si mulier maritum hæredem institueret, dum militiam ageret hæreditatem, in peculium castrense redituram esse Adrianus jussit.

A Julio Cæsare institutum, a Nerone, a Nerva et a Trajano hoc peculium ordinatum est. Prædium speciale ac solutum et liberum filiis præbebat. Illi igitur de peculio inter viventes, sive testamento statuere poterant, perindè ac filii, eà de re, patresfamilias essent.

II.

Peculium quasi castrense, ad exemplar peculii castrensis, a Constantino magno constitutum, a principio, omnia quæ comparaverant Palatini, sive in muneribus fungendis sive imperatorum largitionibus, continebat.

Illa institutio in posterum aucta fuit, ac plures imperatores, inter quos Honorius, Arcadius, Leon et Anthenius, summas pecuniæ in muneribus patroni, magistratus perceptas, atque presbyterorum ac Diaconorum prædia, huic peculio restitui jusserunt. De hoc peculio, eisdem juribus, quibus de peculio castrensi, filiifamilias fruebantur.

III.

Peculium adventitium, a Constantino institutum, ex omnibus rebus quæ ad filios perveniebant ex hæreditate materna constabat. Huic peculio, donationes propter nuptias ac donationes inter maritos actas, Theodosius ac Valentinianus tertius addiderunt. In quibus comprehensæ deinde res ab origine materna derivantes annumeratæ fuerunt, et tandem jussit Justianus peculio adventitio æquandum esse quidquid industria sua perciperent pueri, alio modo si res ad patremfamilias pertinentes exercerent.

Nudam proprietatem hujus peculii filiusfamilias habebat. Patri legabatur ususfructus.

IV.

Peculium extraordinarium a Justiano constitutum, dissimilia genera rerum, quarum usumfructum non habebat pater, continebat.

Quæ attinebant ad hoc peculium res erant :

1o Legatum muneris publici, filio in ditione datum ;

2o Res quarum usumfructum ex toto recusabat testator ;

3o Hæreditates, quas filiusfamilias invito patre accipiebat ;

4o Bona liberis tributa, quum matrimonium inter uxores sine justa causa dirimeretur.

Nunc varia peculia imperatoriis constitutionibus instituta accurate scimus, quæ mutationes actæ sint regnante Justiniano causa filiorum familias, facile cognoscemus; illi quidem qui nullam rem possidere poterant, peculiari patrimonio, soluto ac libero extrà jus et dominium patris nunc frui possunt. Non est deinceps paterfamilias solus dominus, solus in familia possessor, filius in eo non se immiscebit, ac in eo non absumetur; cujus auctoritas constituitur. Antiquæ Romæ jus vivere desiit.

CODE NAPOLÉON

SOLIDARITÉ DE LA PART DES DÉBITEURS

(1200 a 1216.)

En principe, chacun stipule pour soi ; lorsque plusieurs personnes stipulent ou promettent ensemble la même chose, chacune d'elles est censée stipuler ou promettre pour la part qu'elle prend personnellement dans la cause de la stipulation ou de la promesse : ainsi, il y a autant de dettes et de créances distinctes qu'il y a de créanciers ou de débiteurs.

Voilà le droit commun, mais la loi y a dérogé tant en faveur des créanciers qu'en faveur des débiteurs, en établissant la solidarité.

Nous n'avons à traiter ici que de la solidarité passive, c'est-à-dire de la part des débiteurs. Le législateur en donne la définition par l'explication de ses effets : Il y a, dit-il, solidarité de la part des débiteurs, lorsqu'ils sont obligés *à une même chose*, de manière que chacun puisse être contraint pour la totalité, et que le paiement fait par un seul libère les autres envers le créancier (art. 1200).

Nous trouvons donc dans la dette solidaire trois caractères essentiels :

1o Une même chose due par plusieurs personnes et par chacune pour le tout, ce n'est pas cependant que chaque co-débiteur doive s'obliger exactement pour autant et dans la même mesure que son consort; ainsi l'un peut s'obliger purement et simplement, et l'autre à terme ou sous condition, sans que la dette cesse pour cela d'être solidaire ;

2o Un seul paiement qui libère tous les débiteurs ;

3o Mandat reçu et donné par chacun d'eux de représenter ses co-débiteurs, mandat irrévocable, puisqu'il est la condition essentielle du crédit qu'a accordé le créancier.

Comme nous venons de le dire, l'obligation peut être solidaire, quoique l'un des débiteurs soit obligé différemment de l'autre au paiement de la même chose, par exemple, si l'un n'est obligé que conditionnellement, tandis que l'engagement de l'autre est pur et simple ou si l'un a pris un terme qui n'est point accordé à l'autre (art. 1201). Mais si cette différence dans le lien de l'engagement ne modifie aucunement la nature de la dette, elle a pourtant une double conséquence, soit dans les rapports des débiteurs avec le créancier, soit dans les rapports des co-débiteurs entre eux. Ainsi dans le premier cas, chacun des débiteurs ne peut être poursuivi que dans les termes mêmes en lesquels il s'est obligé : le créancier devra attendre, par rapport à lui, l'échéance du terme ou l'événement de la condition. Dans le second cas, le débiteur qui aura payé la dette solidaire devra attendre, pour exercer son recours contre son co-obligé, que le terme ou la condition soient échus, comme aurait dû le faire à son égard le créancier lui-même puisqu'il lui est subrogé par l'effet de son paiement.

COMMENT S'ÉTABLIT LA SOLIDARITÉ.

La solidarité ne se présume pas, il faut qu'elle soit expressément stipulée, bien qu'aucun terme sacramentel ne soit rigoureusement exigé. Dans le doute, l'obligation devra être réputée simplement conjointe, parce qu'elle est moins onéreuse pour les débiteurs et que, d'après l'art. 162, on interprète toujours la convention en faveur de l'obligé.

La solidarité doit donc être, en règle générale, expressement stipulée ; ce n'est que par exception qu'elle a lieu de plein droit, et cette exception n'existe qu'en vertu d'une disposition de la loi.

Ainsi lorsque une femme veuve contracte un second mariage, son mari est avec elle solidairement responsable des suites de la tutelle qu'elle à indûment conservée, si, malgré les prescriptions de l'art. 395, elle n'a pas réuni le conseil de famille.

Si la mère est maintenue dans la tutelle par le conseil de famille, son second mari devient, d'après l'art. 396, nécessairement son co-tuteur, et, en cette qualité, solidairement responsable avec sa femme de la gestion postérieure au mariage.

Les exécuteurs testamentaires sont solidairement responsables du compte du mobilier qui leur a été confié (art. 1033).

Sont encore solidairement responsables les personnes dont s'occupent les art. 1442—1734—2002 C. Nap.—22—23—24—140—187 C. Com. et 55 C. P.

Les auteurs ont divisé la solidarité en deux catégories : la solidarité parfaite et la solidarité imparfaite.

Solidarité parfaite. — La solidarité parfaite a lieu lorsque chacun des débiteurs ayant figuré dans le même contrat, en même temps qu'il promet sa part, reçoit et accepte mandat de payer pour les autres et de les représenter vis-à-vis du créancier. La solidarité conventionnelle est donc toujours parfaite.

Si elle est légale, elle est tantôt parfaite, tantôt imparfaite.

Elle est parfaite, lorsqu'elle existe entre plusieurs personnes unies par un intérêt commun qui se connaissent ; elle est imparfaite, lorsque la loi l'établit entre personnes qui ne se connaissent point, qui ne sont qu'accidentellement co-débitrices et qui n'ont entre elles que des rapports fort rares.

Ces deux espèces de solidarité diffèrent entre elles dans leurs effets, soit quant au rapport du créancier avec ses débiteurs soit quant aux rapports des co-débiteurs entre eux.

EFFETS DE LA SOLIDARITÉ PARFAITE QUANT AUX RAPPORTS DU CRÉANCIER AUX DÉBITEURS.

1º Conformément à l'ancienne jurisprudence française, dans laquelle la renonciation au bénéfice de division était devenue de style dans tous les actes portant solidarité, les auteurs du Code civil ont établi, dans l'art. 1203, que : Le créancier d'une obligation contractée solidairement peut s'adresser à celui des débiteurs qu'il veut choisir, sans que celui-ci puisse opposer le bénéfice de division. La solidarité faisant que chacun doit être considéré, vis-à-vis du créancier, comme seul et unique débiteur, chacun peut être en effet poursuivi seul pour la totalité ; mais il est bien évident qu'il faut pour cela que la dette soit exigible à l'égard de tous : le débiteur actionné peut aussi appeler en garantie les autres débiteurs, afin que le jugement soit rendu contradictoirement avec eux et (en cas de condamnation) afin de pouvoir les actionner pour la part dans laquelle ils peuvent contribuer à la dette.

2o Dans l'ancien droit romain, le créancier qui avait actionné l'un des débiteurs ne pouvait plus diriger son action contre les autres, tous étaient libérés : c'était un effet de la *litis contestatio ;* mais Justinien décida que l'action dirigée contre un obligé n'empêchait pas d'intenter une autre action contre les autres.

L'art. 1204 a reproduit le même principe. Les poursuites faites contre l'un des débiteurs, porte ce texte, n'empêchent pas le créancier d'en exercer de pareilles contre les autres ; ainsi le créancier peut poursuivre tous les débiteurs, soit simultanément, soit successivement, il est toujours le maître de s'adresser à celui qu'il lui plaît de choisir et d'exiger de lui le paiement intégral de la dette.

3o Si la chose due périt par la faute ou pendant la demeure de l'un ou de plusieurs des débiteurs solidaires, les autres co-débiteurs solidaires ne sont point déchargés de l'obligation de payer le prix de la chose, mais ceux-ci ne sont point tenus des dommages-intérêts.

Le créancier peut seulement répéter les dommages-intérêts tant contre les débiteurs par la faute desquels la chose a péri que contre ceux qui étaient en demeure (art. 1205).

Nous voyons, d'après cet article, que si la chose due périt par la faute de l'un des débiteurs, et, pendant sa demeure, par un cas fortuit qui n'aurait pas eu lieu si le créancier eût possédé la chose, l'obligation est conservée à l'égard de tous, en ce sens que chacun d'eux est tenu soli-dairement de payer une somme égale à la valeur de la chose qui a péri. Il faut pourtant faire une distinction entre le débiteur en faute ou mis en demeure et les débiteurs non coupables. Le créancier peut demander au premier : 1º la valeur de la chose périe ; 2º d'autres dommages-intérêts, s'il y a lieu. Les seconds ne doivent que le prix de la chose périe, et en effet chacun des co-débiteurs solidaires consent bien à rester le garant des autres tant que la dette existe, mais il n'entend point être garant des extensions que ses co-débiteurs peuvent, par leur faute, donner à l'obligation ; ils sont garants les uns des autres *non point ad augendam*, mais seulement *ad perpetuendam obligationem*, ce qui montre que les co-débiteurs non coupables ne peuvent être tenus que de ce à quoi ils se sont obligés, c'est-à-dire à payer le prix de la chose.

Mais quant les dommages-intérêts ont été fixés d'avance, au moyen d'une clause pénale, les co-débiteurs non coupables n'en sont-ils pas tenus ?

Dumoulin et Pothier tenaient pour l'affirmative ; ils regardaient la clause pénale comme une seconde convention accessoire à la première, et devant être exécutée, si la première ne sortait pas à effet par la faute de l'un des débiteurs.

La même solution doit être admise sous l'empire du code ; elle résulte des art. 1207 et 1232.

4º Une autre conséquence des effets de la solidarité, c'est que les pour-suites faites contre l'un des débiteurs solidaires interrompent la prescription à l'égard de tous (art. 1206). Il n'y a en effet qu'une seule dette à l'extinction de laquelle tous et chacun des débiteurs sont totale-ment obligés ; dès que l'un d'eux est actionné, tous sont réputés l'être, puisqu'ils sont tous mandataires ou représentants les uns des autres, à

l'effet de recevoir les poursuites du créancier. Du reste, les dispositions de l'art. 1206 sont complétées par celles de l'art. 2249, ainsi conçu :
« L'interpellation régulièrement faite à l'un des débiteurs solidaires, ou
» sa reconnaissance, interrompt la prescription contre tous les autres,
» même contre les héritiers. »

5º La demande d'intérêts formée contre l'un des débiteurs solidaires fait courir les intérêts à l'égard de tous. Cet art. 1207 est, nous le voyons, une exception à l'art. 1205; celui-ci, en effet, décide que la mise en demeure ou la faute de l'un des débiteurs solidaires, tout en perpétuant l'obligation principale à l'égard des autres, ne pouvaient cependant l'aggraver de dommages-intérêts accessoires. Voici comment on peut justifier l'innovation établie dans cet article 1207 : 1º les co-débiteurs ont joui tous ensemble du capital, et chacun d'eux est censé avoir accepté comme une clause pénale le tarif de la loi qui règle à 5 % les intérêts à compter du jour de la demande en justice ; 2º ce serait enfin multiplier les frais et les inconvénients des procès que d'exiger autant de demandes d'intérêts distinctes qu'il y a de débiteurs solidaires.

Pothier et Dumoulin n'avaient pas admis ce système; ils pensaient que les intérêts ne devaient courir que contre le débiteur poursuivi, et ils basaient leur opinion sur ce que la demande en justice augmente l'obligation, puisqu'elle la rend productive d'intérêts. Si donc, disaient-ils, les intérêts couraient contre les débiteurs non poursuivis, on violerait le principe que les co-débiteurs solidaires sont mandataires les uns des autres non point *ad augendam*, mais seulement *ad perpetuendam obligationem*.

6º Il suffit de mettre en demeure l'un des débiteurs, pour que tous le soient également.

EFFETS DE LA SOLIDARITÉ PARFAITE QUANT AUX RAPPORTS DES CO-DÉBITEURS ENTRE EUX :

Nous avons parlé jusqu'à présent des rapports du créancier avec les débiteurs solidaires ; nous allons voir maintenant quels sont les rapports des co-débiteurs entre eux :

1º Chacun des co-débiteurs, en contractant une obligation vis-à-vis du créancier, est censé s'être engagé individuellement pour soi et pour une part virile; aussi l'art. 1213 dispose-t-il que l'obligation contractée solidairement envers le créancier se divise de plein droit entre les débiteurs, qui n'en sont tenus entre eux que pour leur part et portion. Chaque débiteur, en effet, s'est obligé à payer la totalité de la dette au créancier, mais aucun ne s'est obligé à payer pour les autres. Celui donc qui aura été forcé par le créancier au paiement total pourra demander à chaque co-débiteur la part qu'il a payée pour lui. C'est, du reste, ce que dit le premier alinéa de l'art. 1214.

2º Le co-débiteur d'une dette solidaire qu'il a payée en entier ne peut répéter contre les autres que les parts et portions de chacun d'eux. Cet article ajoute : Si l'un d'eux se trouve insolvable, la perte qu'occasionne son insolvabilité se répartit par contribution entre tous les autres co-débiteurs solvables et celui qui a fait le paiement.

Si donc l'un des débiteurs est insolvable, la perte résultant de son insolvabilité ne doit pas être supportée exclusivement par celui qui a payé le créancier et qui, par suite de ce paiement, exerce un recours contre ses co-débiteurs. Cette perte doit être supportée par tous, proportionnellement à la part et portion que chacun d'eux doit supporter dans la dette, l'équité le commande et la loi l'ordonne.

3o Bien plus, dans le cas où le créancier a renoncé à l'action solidaire envers l'un des débiteurs, si l'un ou plusieurs débiteurs des autres co-débiteurs deviennent insolvables, la portion des insolvables, d'après l'art. 1215, sera contributoirement répartie entre tous les débiteurs, même entre ceux précédemment déchargés de la solidarité par le créancier.

En effet, cette remise de la solidarité que le créancier a faite à l'un des débiteurs ne peut pas l'avoir déchargé des droits que ses co-débiteurs avaient contre lui ; mais il peut, dans ce cas, recourir contre le créancier, qui doit supporter toutes les conséquences de la remise qu'il a faite.

4o Si la dette a été contractée dans l'intérêt *d'un seul débiteur*, ses co-débiteurs, bien que véritables débiteurs solidaires à l'égard du créancier, ne sont dans leurs rapports avec lui que des cautions ordinaires (art. 1216). Ainsi donc, s'il paie la dette, il n'a rien à demander à ses co-débiteurs ; si l'un d'eux paie, il peut recourir contre lui pour le tout, et s'il est insolvable, contre ses co-débiteurs, chacun pour sa part virile.

DES ACTIONS PAR LESQUELLES LE DÉBITEUR QUI A PAYÉ EXERCE SON RECOURS CONTRE SES CO-DÉBITEURS.

Le débiteur qui a payé a deux actions pour exercer son recours contre ses co-débiteurs; ce sont:

1° Une action de mandat, action qui naît dans sa personne;

2° L'action du créancier avec tous ses accessoires, gages, priviléges ou hypothèques; cette action lui est acquise en vertu d'une subrogation légale dont le principe est écrit dans l'art. 1251.

Puisque ce débiteur a, comme nous le voyons, l'action entière du créancier, il devrait, selon la logique, pouvoir comme lui actionner l'un et l'autre des débiteurs pour le tout, bien entendu sa part déduite. La loi n'a pas suivi ce système, et, se basant sur les relations existant entre les co-débiteurs, elle a décidé que l'action de l'ancien créancier ne pourrait être exercée par le débiteur subrogé que dans la limite de l'action qu'il a de son chef contre chacun de ses co-débiteurs. C'est, du reste, la disposition de l'art. 1213.

MODIFICATION ET EXTINCTION DE LA SOLIDARITÉ.

Nous avons vu comment la solidarité est créée; nous allons examiner maintenant les faits qui ont pour conséquence de la restreindre ou de la détruire :

Les diverses restrictions favorables au débiteur qui éteignent la solidarité en égard à un ou à plusieurs des débiteurs solidaires vis-à-vis du créancier, peuvent naître soit de renonciations expresses, soit de renonciations implicites émanées de ce créancier.

La première restriction que nous rencontrons émanant *d'une renonciation expresse* se trouve dans l'art. 1209. Dans cet article, nous voyons que la solidarité peut être éteinte d'une manière partielle ou d'une manière complète par la confusion. En effet, y est-il dit, lorsque l'un des débiteurs solidaires devient héritier unique du créancier, ou lorsque le créancier devient l'unique héritier de l'un des débiteurs, la confusion éteint la créance solidaire seulement pour la part et portion du débiteur qui succède au créancier ou du créancier qui succède au débiteur. Dans ce cas, la solidarité est éteinte seulement d'une manière partielle ; si au contraire tous les débiteurs devenaient héritiers du créancier pour des portions égales, pourvu qu'ils eussent tous un intérêt égal dans la dette, il est évident qu'il s'opérerait une extinction entière et complète, car aucun d'eux ne pourrait demander d'un côté sans être tenu de l'autre : la confusion serait totale.

La deuxième restriction émanant aussi d'une renonciation expresse, est contenue dans l'article 1210. Voici ce que dit cet article : « Le créancier » qui consent à la division de la dette à l'égard de l'un des co-débi- » teurs, conserve son action solidaire contre les autres, mais sous » la déduction de la part du débiteur qu'il a déchargé de la solida- » rité. » Ici l'extinction de la solidarité n'est que partielle et la renonciation qui y est faite, comme toute renonciation à un droit, ne se présume pas, et doit être expressément convenue. Nous devons remarquer que pas plus que pour la stipulation de la solidarité aucune expression sacramentelle n'est exigée pour la renonciation; mais le doute doit s'interpréter contre les débiteurs, parce que la solidarité étant prouvée, c'est à eux de prouver la renonciation qu'ils opposent par voie d'exception.

Nous avons supposé, dans l'article précédent une renonciation à la solidarité conçue en termes formels et positifs; mais, ainsi que nous l'avons déjà dit, la renonciation à la solidarité peut n'être qu'implicite. Cette renonciation implicite ne peut résulter que d'actes qui ne laissent aucun doute sur l'intention du créancier, parce que nul n'est présumé vouloir renoncer à son droit : *Nemo facile præsumitur juri suo renunciare.*

L'article 1211 contient trois applications de ce principe :

1º Le créancier qui reçoit divisément la part de l'un des débiteurs, sans réserver dans la quittance la solidarité ou ses droits en général, ne renonce à la solidarité qu'à l'égard de ce débiteur (art. 1211, § 1er). Les autres débiteurs continuent donc d'être tenus solidairement, déduction faite de la part du débiteur déchargé.

2º Le créancier n'est pas censé remettre la solidarité au débiteur, lorsqu'il reçoit de lui une somme égale à la portion dont il est tenu, si la quittance ne porte pas que c'est pour sa part (art. 1211, § 2). En effet, si le créancier ne fait pas cette dernière mention, il est supposé n'avoir entendu recevoir qu'un à-compte sur la dette totale; d'un autre côté, si le créancier, tout en donnant au débiteur quittance pour sa part, a réservé expressément la solidarité, ou même tous ses droits en général, il n'est pas censé avoir fait remise de la solidarité. Il faut donc pour qu'il y ait remise tacite de la solidarité, le concours de trois circonstances :

Que le créancier ait reçu divisément la part du débiteur;

Que la quittance exprime que c'est pour sa part, parce que ces mots sont contraires à la nature de la solidatité : on ne peut être débiteur solidaire, si l'on est débiteur pour une part ;

Que le créancier n'ait pas fait de réserve.

3o Il en est de même, ajoute l'article 1211 dans son dernier paragraphe, de la simple demande formée contre l'un des co-débiteurs pour sa part, si celui-ci n'a pas acquiescé à la demande, ou s'il n'est pas intervenu un jugement de condamnation. En effet, la remise d'une dette ne peut se faire que par le concours des volontés du débiteur et du créancier. Lorsque celui-ci a poursuivi un débiteur pour sa part, il a bien manifesté l'intention de remettre la solidarité, mais tant que la volonté du débiteur n'a pas concouru avec la sienne et que ses offres ne sont pas rendues irrévocables, soit par l'acquiescement du débiteur, soit par un jugement, il peut les rétracter. On assimile le jugement au consentement du débiteur, parce qu'une fois qu'il est rendu, on ne peut plus revenir sur ce qu'on a fait : *judiciis contrahimus*.

Nous savons que les renonciations du créancier doivent toujours s'interpréter dans le sens qui lui est le moins défavorable ; il est clair, dès lors, que la remise des intérêts échus ne doit pas s'étendre aux intérêts à échoir, ni au capital. L'article 1212 du Code civil a consacré cette règle, tout en y apportant une exception : « Le créancier, y est-il dit, qui » reçoit divisément et sans réserve la portion de l'un des co-débiteurs » dans les arrérages ou intérêts de la dette, ne pert la solidarité que pour » les arrérages ou intérêts échus , et non pour ceux à échoir ni pour le » capital , à moins que le paiement divisé n'ait été continué pendant dix » ans consécutifs. » Il faut bien remarquer que cet article 1212 ne déroge point à l'article 1211. Ainsi, même pour les intérêts ou arrérages échus, le débiteur qui a fait le paiement n'est affranchi de la solidarité qu'autant que la quittance exprime qu'il a fait le paiement pour sa part ; autrement la somme qu'il a payée, quoique égale à sa portion, n'est censée avoir été reçue par le créancier qu'à titre d'à-compte sur la somme totale des intérêts échus. Ici, pas plus qn'ailleurs, aucun terme sacramentel n'est de rigueur.

L'exception dont on a parlé ci-dessus, et qui est contenue dans l'article 1212, est que la solidarité est éteinte, soit pour les intérêts et arrérages à échoir, soit pour le capital, lorsque le paiement divisé a été continué pendant dix ans consécutifs. C'est, comme nous le voyons, une prescription particulière admise par le code, et fondée sur ce qu'une dérogation si longue aux droits de solidarité fait nécessairement présumer de la part du créancier l'intention d'y renoncer pour toujours. Cette renonciation s'étend même au capital, comme l'indique le code, parce que le créancier n'a pu considérer comme débiteur solidaire du capital celui qui lui a payé divisément les intérêts pendant dix années. Mais il faut, bien entendu, que les dix ans soient CONSÉCUTIFS ; un seul paiement fait par le débiteur comme débiteur solidaire aurait interrompu la prescription. Il est inutile d'ajouter que cette renonciation implicite à la solidarité ne produit tout son effet que vis-à-vis du débiteur dont le créancier a reçu les paiements divisés. Le créancier, comme dans le cas de renonciation expresse, conserve son action solidaire contre les autres débiteurs, sous la déduction seulement de la part du débiteur qu'il a implicitement déchargé.

Nous avons examiné jusqu'ici les cas d'extinction partielle de la solidarité ; il nous reste à nous occuper de ceux d'extinction complète. Cette extinction peut avoir lieu, soit par la remise de la solidarité faite à tous les débiteurs par le créancier, soit par l'extinction de la dette.

Remise de la solidarité. — On peut la considérer comme une remise partielle de la dette. — Cette remise peut être absolue ou relative; elle est absolue, quand le créancier renonce à la solidarité dans l'intérêt de tous les débiteurs; elle est relative, lorsqu'il y renonce dans l'intérêt de l'un d'eux seulement. Comme la remise absolue est la seule qui éteigne complètement la solidarité, nous n'avons pas à nous occuper de la remise relative, qui n'éteint que partiellement la solidarité en faveur du débiteur auquel la remise est faite et dont nous avons parlé plus haut.

Extinction de la dette. — Les divers modes d'extinction de l'obligation sont établis par l'article 1234 C. Nap. Nous allons les examiner successivement, en nous occupant de l'article 1208, qui traite des exceptions opposables au créancier par les débiteurs.

DES EXCEPTIONS QU'UN DÉBITEUR SOLIDAIRE, QUAND IL EST ACTIONNÉ PEUT OPPOSER AU CRÉANCIER.

On entend par exceptions tous les moyens propres à combattre, à repousser la prétention du demandeur. Le code distingue trois espèces d'exceptions :

1° Les exceptions qui résultent de la nature même de l'obligation, ou exceptions réelles ;

2° Les exceptions personnelles à l'un des débiteurs solidaires ;

3° Les exceptions communes.

1° Exceptions réelles. — Les exceptions réelles sont celles qui résultent de la nature même de l'obligation ; elles sont fondées sur l'inexistence ou la nullité de la dette ; elles consistent, par exemple, à soutenir que l'obligation est nulle, soit parce qu'elle manque de cause ou d'objet, soit parce que sa cause est illicite, soit enfin parce que les solennités nécessaires à la valid té n'ont pas été observées. On les appelle réelles parce qu'elles sont absolues, c'est-à-dire opposables par tous les débiteurs; elles sont par conséquent communes, puisque chacun des débiteurs actionné peut les opposer au créancier.

2º *Exceptions personnelles.* — Les exceptions personnelles sont celles qui sont tirées d'une cause propre à l'un des co-débiteurs, soit, par exemple, de sa minorité ou de son interdiction, soit d'un vice de violence, de dol ou d'erreur.

Elles ne peuvent être opposées que par celui des co-débiteurs auquel elles appartiennent.

3º *Exceptions communes.* — On appelle exceptions communes celles qui sont fondées sur une cause légitime d'extinction de la dette et qui peuvent être opposées par tous les débiteurs. En effet, puisqu'il n'y a qu'une seule obligation, au paiement de laquelle chacun est tenu pour le tout, ou tous ensemble comme ne constituant qu'un seul et unique débiteur, chaque co-obligé, poursuivi par le créancier, peut opposer toutes les exceptions qui résultent de la nature de l'obligation, ainsi que celles qui sont communes à tous les co-débiteurs. Et, en les opposant, il ne fait que se conformer au mandat qu'il est réputé avoir reçu. Toutefois, parmi les exceptions communes, il en est quelques unes qui sont personnelles à l'un des co-débiteurs et qui ne profitent aux autres que jusqu'à concurrence de la part de celui à qui elles appartiennent; il en est même qui sont purement personnelles à l'un des débiteurs, et qui ne peuvent même pas être invoquées par les autres pour la part de celui dans la ersonne duquel elles sont nées. Examinons les différents cas prévus par le code :

Paiement de la dette par l'un des débiteurs. — L'exception tirée du paiement de la dette est commune à tous les débiteurs ; en effet, lorsque un d'eux a payé la dette solidaire, tous les autres se trouvent libérés envers le créancier.

Offres et consignations. — Elles doivent être assimilées au paiement ; en effet, si les offres ont été valablement faites, et si la consignation a eu lieu, la dette est éteinte et tous les co-débiteurs sont libérés.

Prescription de la dette. — La créance étant éteinte, tous les débiteurs sont libérés : l'exception tirée de la prescription est donc commune à tous.

Compensation. — Lorsque deux personnes sont à la fois débitrices et créancières l'une de l'autre, la dette est éteinte par l'effet de la compensation. Ainsi donc si l'un des débiteurs solidaires se trouve être créancier de celui qui a stipulé la solidarité et s'il est directement poursuivi par lui, il peut opposer la compensation ; mais si le créancier s'adresse aux autres, ceux-ci peuvent-ils également l'invoquer ? On distingue : si la compensation a été opposée au créancier par le débiteur du chef duquel elle s'est opérée, elle peut être invoquée par chacun des autres co-débiteurs, c'est une exception commune. Mais si, par contre, le créancier s'adresse à tout autre auquel il ne doit rien, ce débiteur ne pourra se prévaloir de l'exception appartenant à son co-obligé, et devra par conséquent payer la dette entière. C'est, du reste, ce qui est établi d'une manière formelle par l'art. 1294 C. Nap., ainsi conçu : « Le débiteur solidaire ne peut pareillement opposer la compensation de ce que le créancier doit à son co-débiteur. »

Confusion.— La confusion est la réunion, dans une même personne des qualités de débiteur et de créancier d'une même dette. Lorsque cette confusion a lieu, la dette et la créance sont éteintes. Si donc l'un des co-débiteurs devient héritier du créancier, ou réciproquement, une confusion s'opère qui atteint la créance et la dette jusqu'à concurrence de la part et portion du co-débiteur devenu l'héritier du créancier ou auquel le créancier a succédé.

Remise de la dette.— La remise de la dette a lieu lorsque le créancier déclare renoncer au paiement de la dette. Cette remise peut être absolue ou relative; elle est absolue, lorsque le créancier a renoncé purement et simplement à sa créance sans en retenir aucune portion, chacun des débiteurs se trouve alors libéré et l'exception qui résulte de cette remise est commune à tous; elle est relative, lorsque le créancier renonce à sa créance dans l'intérêt de l'un des débiteurs. Seulement, cette remise est personnelle à celui dans l'intérêt duquel elle a été faite ; elle ne profite donc qu'à lui pour le tout , les autres co-débiteurs ne sont libérés que jusqu'à concurrence de la part que ce débiteur aurait dû supporter dans la dette. Si, en effet, les co-débiteurs actionnés étaient obligés de payer toute la dette, ils auraient un recours à exercer contre le débiteur libéré qui, dans ce cas , ne profiterait aucunement de la remise de la dette.

Mais quelle est donc la part qu'il faut déduire de la créance ? Est-ce la part virile ou la part réelle? Cette question se résout par une distinction : si le créancier connaissait les arrangements particuliers existants entre les débiteurs, s'il connaissait la portion que chacun d'eux a prise dans la somme prêtée, c'est la part réelle qui doit être réduite ; si au contraire il a ignoré toutes ces inégalités de parts, il a dû supposer qu'ils étaient tous *également* obligés, et c'est la part virile qu'il faut réduire.

Mais il faut bien remarquer que , soit que le créancier connaisse, soit qu'il ignore l'inégalité des parts, si la part virile est plus forte que la part réelle, la remise n'a d'effet que dans la limite de la part réelle, car la remise ayant été faite dans le seul intérêt de celui qui l'a obtenue, ne peut profiter aux autres que jusqu'à concurrence de la somme pour laquelle ils auraient recours contre lui, s'ils étaient obligés de payer toute la dette.

Il nous reste à voir maintenant dans quel cas la remise de la dette est absolue, c'est-à-dire quand elle profite à tous et à chacun pour le tout. Elle est absolue : 1º lorsque le créancier l'a déclaré expressément ; 2º lorsqu'il a abandonné son titre à l'un des débiteurs. Cette dernière considération est aussi la preuve de la remise tacite de la dette : si, en effet, le créancier renonce à tout moyen de preuve, c'est qu'il renonce absolument à sa créance.

Il faut noter ici une différence remarquable entre la remise de la dette, dont nous avons parlé au sujet de l'extinction de la solidarité, et la remise de la solidarité.

La remise de la dette, quoique faite à l'un des débiteurs solidaires, les libère tous, si le créancier n'a pas pris soin de réserver expressément sa créance contre les débiteurs. Dans la remise de la solidarité, au contraire, lorsqu'elle est faite à l'un des débiteurs, elle est relative et ne profite qu'au débiteur qui l'a obtenue, si le créancier n'a pas expressément renoncé, dans l'intérêt de tous, au bénéfice de la solidarité. Cette solution est, il faut l'avouer, bien préférable à la première, car les libéralités ne se présument point, et la loi n'a pas dû présumer que le créancier qui traite avec l'un des débiteurs solidaires seulement et qui lui fait remise de la solidarité a entendu accorder la même faveur à tous.

Nous avons, il faut nous le rappeler, divisé la solidarité en solidarité parfaite et solidarité imparfaite. La première seule nous a occupé jusqu'ici, et bien que nous ayons dit d'une manière générale dans quels cas la solidarité imparfaite pouvait avoir lieu, il est bon de mieux préciser nos idées sur ce point, afin qu'il nous soit facile de voir quelles différences existent entre ces deux espèces de solidarité.

La solidarité imparfaite a lieu lorsque plusieurs personnes sont débitrices d'une même dette, mais point mandataires ou représentants les unes des autres, ni à l'effet de recevoir les poursuites du créancier ni à l'effet de perpétuer l'obligation. Le caractère commun à la solidarité parfaite et à la solidarité imparfaite, consiste dans le droit qu'a le créancier de poursuivre chaque débiteur pour le tout. Mais de ce que les co-débiteurs ne se représentent pas les uns les autres, il s'ensuit :

1º Que la poursuite dirigée contre l'un d'eux seulement n'interromp point la prescription à l'égard des autres ;

2º Que si l'un d'eux est mis en demeure, les autres ne le sont pas également ;

3º Que la demande en justice ne fait courir les intérêts que contre le débiteur actionné ;

4º Que si la chose périt par l afaute de l'un d'eux, les autres sont libérés

Nous savons dans quels cas la solidarité imparfaite peut être créée. Nous savons par conséquent que la solidarité conventionnelle est toujours parfaite, tandis que la solidarité légale est tantôt parfaite, tantôt imparfaite : parfaite, lorqu'elle existe entre plusieurs personnes unies par un intérêt commun, qui ont entre elles des rapports fréquents, qui se connaissent ; imparfaite, lorsque la loi l'établit entre personnes qui ne se connaissent point, qui ne sont qu'accidentellement co-débitrices et qui n'ont entre elles que des rapports forts rares. Maintenant donc que nous connaissons d'une manière précise, l'une et l'autre de ces deux solidarités, il nous est facile de reconnaître la différence dans les effets de chacune d'elles. Il suffit de s'en référer aux indications qui précèdent.

PROCÉDURE CIVILE

DE LA PÉREMPTION DES JUGEMENTS PAR DÉFAUT

(CODE DE PROCÉDURE, ART. 156)

On appelle jugement par défaut le jugement qui a été rendu soit contre une partie qui n'a point constitué d'avoué, soit contre une partie dont l'avoué constitué ne s'est point présenté à l'audience au jour indiqué par l'avoué, ou qui, étant présent, a refusé de conclure au fond.

La loi distingue deux sortes de défauts, savoir : 1° le défaut de la part du demandeur ; 2° le défaut de la part du défendeur.

On distingue deux sortes de jugements par défaut contre le défendeur : le jugement par défaut *contre partie*, appelé aussi faute de comparaître ou faute de constituer avoué, et le jugement par défaut contre avoué, appelé aussi défaut faute *de conclure*.

Cette distinction une fois faite, voyons comment se périment l'un et l'autre de ces jugements L'article 156 l'enseigne dans sa deuxième disposition : « Le jugement par défaut, y est-il dit, obtenu contre une partie qui n'a pas constitué d'avoué, devra être exécuté dans les six mois, à compter de son obtention ; sinon il est périmé, ou, ce qui revient au même, considéré comme non avenu ; au contraire, quand le jugement est rendu contre avoué, la loi n'en a pas spécialement réglé la prescription. » On a conclu qu'il subit la règle de droit commun, et qu'ainsi il conserve son plein et entier effet pendant trente ans.

Ainsi, prescription de six mois dans le premier cas, prescription de trente ans dans le deuxième.

Mais pourquoi une telle différence entre ces deux jugements ? Le voici : Le défendeur assigné, qui n'a pas constitué d'avoué, peut être présumé n'avoir pas reçu la signification et ignorer le jugement qui a été pris contre lui. Or, on comprend quelle injustice il y aurait à ce que le demandeur eût trente ans pour exécuter un jugement contre une personne qui n'en a aucune connaissance : celle-ci, en effet, peut, après vingt années, par exemple, avoir perdu toutes les pièces et les preuves justificatives de son droit. Si donc, après ce laps de temps, le demandeur voulait faire exécuter le jugement, la partie défenderesse ne pourrait rien opposer à sa demande ; ce serait une fraude dont, à coup sûr, se servirait toujours le demandeur, s'il redoutait quelques pièces ou quelques titres. Il attendra jusqu'au dernier moment pour exécuter son jugement, dans l'espoir que les titres dont il redoute la production seront perdus. La loi a prévu cette fraude, et l'a déjouée, en exigeant que le jugement soit exécuté à une époque voisine de son obtention.

Au contraire, lorsque le jugement a été rendu par défaut contre avoué, le défendeur a certainement su qu'il existe un jugement par défaut contre lui ; il est mis, par là même, en mesure de pourvoir à sa défense. Il n'existe donc, quant à lui, aucune raison de déroger aux règles ordinaires de la prescription.

Nous venons de voir dans quel délai doit être exécuté le jugement obtenu contre le défendeur qui ne s'est pas présenté et contre celui dont l'avoué n'a pas voulu conclure. Supposons maintenant un jugement rendu contre un défendeur qui n'a pas constitué avoué, mais qui s'est présenté à l'audience sans plaider ni conclure : est-il sujet à péremption faute d'exécution dans les six mois ?

Deux opinions contraires se sont formées sur ce sujet ; Merlin et Boncenne n'hésitent pas à se prononcer pour la négative : En effet, dit ce dernier, puisqu'il y a preuve que l'assignation a été reçue, il n'a pas été possible d'ignorer qu'un jugement a dû s'ensuivre ; pourquoi donc, dès lors, forcer le demandeur à exécuter le jugement dans le délai de six mois?» Chauveau a rejeté cette doctrine; il préfère s'en tenir au texte pur, disant que, pour résoudre une question réelle, il ne faut pas se préoccuper de ce qui serait mieux, mais de ce qui est. Or, le texte pur dit : *Tout jugement par défaut contre une partie qui n'a pas constitué d'avoué.* Or, dans ce cas, le défendeur, quoique s'étant présenté, n'a pas constitué d'avoué. Donc, l'exécution du jugement doit être poursuivie dans les six mois.

Rappelons ici que l'opposition faite au jugement par défaut contre partie est recevable jusqu'à l'exécution du jugement, tandis que l'opposition faite au jugement par défaut contre avoué, doit être formée dans la huitaine, à compter de la signification du jugement faite à avoué.

C'est, dit l'art. 156, par un huissier commis, soit par le Tribunal, soit par le juge du domicile du défaillant, que la signification du jugement par défaut contre partie doit être faite. Il est facile de comprendre quel a été le but du législateur en ordonnant que la signification soit faite par un huissier commis; il a voulu assurer la remise fidèle de la copie qui pourrait souvent être soufflée par l'huissier ordinaire; le défendeur ignorerait alors qu'un jugement a été obtenu contre lui, et lorsque les délais pour se pourvoir seraient écoulés, il pourrait être écrasé par une procédure dont il n'a pas même soupçonné l'existence.

Si pourtant la signification avait été faite par un huissier ordinaire, elle serait valable pourvu que le défendeur reconnût l'avoir reçue, rien ne pourrait empêcher la validité d'un pareil acquiescement.

Nous avons vu dans quels délais le jugement par défaut devait être exécuté, afin d'éviter la péremption; examinons dans quels cas ce jugement est considéré comme ayant été exécuté.

L'art. 159 nous fournit la réponse à cette question : Le jugement, y est dit-il, est réputé exécuté, lorsque les meubles saisis ont été vendus; lorsque il y a quelque acte duquel il résulte nécessairement que l'exécution du jugement a été connue de la partie défaillante.

Mais, peut-on se demander, pour éviter la péremption : suffit-il que les poursuites aient été commencées pendant les six mois, ou faut-il qu'elles aient été consommées pendant ce délai.

La loi ne s'est pas expliquée à cet égard, et il faut conclure de là, que le jugement ne sera pas périmé si le demandeur a fait, dans les six mois, tout ce qu'il était moralement possible de faire pour l'exécuter, que peut-on exiger de plus? Admettons, par exemple, que le jugement soit long à liquider, comment, dès lors, l'exécution pourra-t-elle être achevée dans un si court délai. — Les juges apprécieront.

Quand le jugement est non avenu par l'expiration du délai sans exécution, la procédure qui l'a précédé est-elle également réputée *non avenue*, en sorte qu'il faille citer de nouveau en conciliation et recommen-
cer toutes les poursuites?

L'art. 156 annule seulement, nous le pensons, le jugement obtenu,
et remet les parties au même et pareil état où elles se trouvaient avant
le jugement. En effet, soutenir le contraire serait contrevenir à la disposition de l'art. 1030, portant qu'aucun exploit, aucun acte de procédure
ne peut être déclaré nul, si la nullité n'en est pas formellement pronon-
cée par la loi. Ce serait violer le principe d'après lequel les tribunaux ne
peuvent suppléer des déchéances. Ainsi, il est bien entendu que l'assignation qui a servi de base au jugement périmé subsiste avec tous les effets
qui lui sont propres, et notamment avec son effet interruptif de la prescription antérieurement commencée. Pour obtenir un nouveau jugement,
le demandeur n'a pas besoin de réassigner son adversaire; l'instance
peut être par lui reprise, suivant ses derniers errements.

Lorsqu'un jugement par défaut, portant condamnation solidaire entre
plusieurs défendeurs, a été obtenu et exécuté contre une seule partie, il
est bien évident que les autres sont également obligés en vertu du mandat réciproque que les co-débiteurs solidaires, ainsi que nous l'avons vu,
sont censés s'être donné entre eux. Ainsi, si des poursuites ont été faites
en vertu d'un semblable jugement contre une seule des parties condam-
nées solidairement, elles conservent à ce jugement sa force contre les
autres parties, et, en effet, la péremption dont il s'agit dans l'art. 156
doit être envisagée comme une espèce de prescription. Or, l'art. 1206
du code civil porte que les poursuites faites contre l'un des débiteurs solidaires interrompent la prescription à l'égard de tous. Donc l'exécution

contre l'un des condamnés solidairement interrompt aussi la péremption à l'égard des autres.

Comme nous l'avons dit, la péremption dont nous traitons est une véritable prescription. Il nous reste, pour terminer cette matière, à lui en appliquer tous les effets.

Nous concluons donc : 1º qu'elle a lieu de plein droit, c'est-à-dire qu'elle sera définitive après l'expiration des six mois, et qu'elle ne pourra pas être couverte par des actes d'exécution commencés après ce délai écoulé : c'est une différence avec la péremption d'instance ; 2º que la partie condamnée peut y renoncer, soit expressément, soit tacitement ; 3º que les juges ne peuvent point la prononcer d'office.

CODE DE COMMERCE

OBLIGATIONS DE L'ASSUREUR

On entend, en général, par assurance, la convention qui a pour but d'indemniser une personne d'une perte résultant d'un cas fortuit.

On distingue l'assurance à prime et les assurances mutuelles. Le Code de commerce ne renferme des règles que sur les assurances à primes et dans lesquelles l'assureur se charge seulement des risques et fortunes de mer ; c'est donc d'elles seules dont nous avons à nous occuper.

L'assureur peut être obligé , suivant les cas, soit à payer à l'assuré la somme assurée et portée dans la police, en cas de perte totale ou presque totale des objets assurés, soit à l'indemniser des avaries arrivées par quelque accident de force majeure sur les objets assurés ou par rapport aux dits objets.

Mais dans quel cas l'assureur sera-t-il contraint d'exécuter l'une ou l'autre de ces obligations ? Quels sont les risques qui sont garantis par lui ?

On trouve dans l'art. 350 la réponse exacte à cette question : Les assureurs, y est dit il, répondent de toutes pertes et dommages qui arrivent aux objets assurés, par *fortunes de mer*. Et, pour ne laisser aucun doute sur l'interprétation à donner à ces derniers mots, ce même article prend soin d'énumérer tous les événements qui se réalisent sur mer par cas fortuit et qui doivent être compris dans ces termes : «Par fortunes de mer. » Ces évenements sont : 1º la tempête, 2º le naufrage, 3º l'échouement, 4º l'abordage fortuit, le changement forcé de route de voyage ou de navire, le jet, le feu, la prise, le pillage, l'arrêt par ordre de puissance, la déclaration de guerre, les représailles. Nous aurons à examiner le sens exact de ces différents mots.

L'art. 350, nous le voyons, est on ne peut plus clair dans ses termes ; ainsi tout autre risque venant d'une cause différente de celles énumérées par lui n'est pas à la charge de l'assureur, à moins d'une convention contraire et expresse exprimée dans la police d'assurance. Nous savons pourtant que lors même qu'il aurait été stipulé dans la police, que l'assureur répondrait des dommages provenant des faits de l'assuré lui-même, cette clause devrait être regardée comme non avenue.

L'assureur est garant non seulement des dommages matériels et directs, mais encore des dommages indirects ou dépenses à la charge du navire, pour réparation des dommages causés en mer à un autre navire. C'est dans ce sens que la Cour de cassation a interprété cet article 350, dans un arrêt rendu le 23 décembre 1857.

Il ne répond point des déchets, diminutions et pertes qui arrivent par le vice propre de la chose, et des dommages causés par le fait ou la faute des propriétaires affréteurs ou chargeurs.

Il ne répond point non plus, en principe, des prévarications et fautes du capitaine et de l'équipage, connues sous le non de baraterie du patron, à moins de convention contraire.

Il n'est point tenu des dépenses ordinaires, telles que les frais de pilotage, touage, lamanage, ni d'aucune espèce de droits imposés sur le navire et les marchandises. Si, cependant, des frais extraordinaires avaient été occasionnés par quelque accident maritime; si, par exemple, le navire avait été obligé de relâcher dans un port dans lequel il n'aurait pas relâché sans un accident, les frais de pilotage, touage et lamanage seraient à la charge de l'assureur. C'était, du reste, l'opinion de Pothier et de Valin.

Les accidents, même de force majeure, ne sont à la charge de l'assureur qu'autant que l'assuré s'est renfermé rigoureusement dans les termes du contrat; si donc c'est par le fait de l'assuré qu'il y a changement de voyage, l'assureur est déchargé, mais il gagne la prime, s'il a commencé à courir les risques.

L'assureur est aussi déchargé et gagne la prime lorsque le navire est arrivé à la hauteur du lieu porté dans la police, lors même que le capitaine prolongerait le voyage. Si le voyage est abrégé, la prime a son plein et entier effet, à moins pourtant qu'elle ait été fixée à tant par jour; il est évident, dans ce cas, qu'elle serait diminuée par l'abréviation du voyage.

Enfin, si, comme le dit l'article 361, l'assurance a lieu divisément pour des marchandises qui doivent être chargées sur plusieurs navires, désignés avec énonciation de la somme assurée sur chacun, et que toutes les marchandises aient été placées sur un seul navire, ou sur un nombre inférieur à celui désigné par le contrat, l'assureur n'est tenu que de la somme qu'il a assurée sur le vaisseau ou sur les vaisseaux qui ont reçu le chargement; la perte des autres vaisseaux est indifférente pour lui. C'est un bonheur pour lui qu'il n'y ait eu chargement que sur un seul navire ou sur quelques-uns; il n'a répondu des risques sur ce navire ou sur ces navires que jusqu'à concurrence d'une certaine somme, il doit donc être quitte en payant cette somme; il recevra néanmoins $\frac{1}{2}$ % des sommes dont les assurances se trouvent annulées.

Quand plusieurs personnes ont donné des assurances séparées et successives à la même date, et qu'il y a des effets chargés pour le montant des sommes assurées, les assureurs, en cas de perte partielle, sont tenus au marc le franc de leur intérêt.

Si l'assurance est faite pour un temps limité, il va sans dire que l'acsureur est libre après l'expiration du temps, et que l'assuré peut faire assurer les nouveaux risques.

Mais si la police ne contient aucun terme pour désigner et le commencement et la durée des risques, à quel moment commencera et finira l'obligation de l'acquéreur?

On répond à cette question en appliquant à ce cas, par analogie, l'art. 328 du code de commerce en matière de contrat à la grosse, et alors le temps des risques courra du jour où le navire a fait voile jusqu'à celui où il est amarré et ancré au port ou lieu de sa destination.

De la réalisation des risques naissent deux actions : l'action d'avaries, et l'action par voie de délaissement, c'est-à-dire que l'assuré peut demander seulement la réparation du préjudice éprouvé, ou réclamer, dans certain cas, le paiement intégral de la somme portée dans la police d'assurance, en abdiquant la propriété et en abandonnant à l'assureur ce qui reste des choses assurées.

Nous avons dit, en traitant de l'art. 350, que les assureurs étaient tenus

de tous risques occasionnés par fortunes de mer ; il nous reste à examiner maintenant quels sont les principaux cas légalement considérés
comme tels. L'art. 350 en fait, nous l'avons déjà vu, une énumération
complète ; parmi les événements qu'il cite, les uns se réalisent sur la
mer par cas fortuit, c'est-à-dire lorsqu'ils ont pour cause les éléments,
ainsi la tempête, le naufrage, l'échouement, l'abordage ; les autres pro-
viennent du fait de l'homme par force majeure, comme les prises ou le
pillage, les déclarations de guerre, les représailles.

Examinons successivement ces divers cas énoncés dans l'art. 350.

Tempête. — La tempête peut être définie : l'événement par lequel le
navire est surpris par l'agitation violente des eaux, par les efforts des
vents, par les effets de l'orage.

Naufrage. — Le naufrage est l'événement par lequel un navire est
submergé par les effets de la tempête, de manière qu'il s'abîme entière-
ment dans la mer et que de simples débris surnagent.

Échouement. — L'échouement a lieu lorsque le navire vient donner
contre un banc de sable, dans lequel il reste engravé, sans pouvoir être remis à flot. Il y a plusieurs sortes déchouement : l'échouement
sans bris et l'échouement avec bris ; ce dernier a lieu lorsque le navire,
en donnant contre un bas-fond, des écueils ou le rivage, éprouve par la
violence du vent une fracture, soit totale, soit dans ses parties essentielles,
de manière à être entr'ouvert ou rempli d'eau, sans qu'il disparaisse
absolument ou que les débris en soient dispersés. Il y a aussi l'échouement volontaire pour sauver l'équipage, et l'échouement purement
casuel. Ils sont tous à la charge de l'assureur.

Abordage fortuit. — L'abordage doit s'entendre seulement de la rencontre de deux navires qui se heurtent ou s'acrochent et non du choc d'un navire contre un autre objet, même alors que cet accident a été produit par une manœuvre exécutée pour éviter la rencontre d'un autre bâtiment. L'assureur est tenu de réparer le dommage éprouvé par le navire assuré, dans le cas seulement où l'abordage a été fortuit, c'est-à-dire lorsqu'il est reconnu que l'événement est dû à une fortune de mer. Si l'abordage a pour cause la faute ou l'imprévoyance du capitaine de l'un de ces deux navires, le dommage éprouvé par l'autre est estimé par expert et supporté par l'auteur de la faute; s'il y a faute des deux parts, chacun supporte sa perte.

Changements forcés de route, de voyage ou de vaisseau. — Pour que l'assureur soit tenu de ces changements, il faut, comme dit le code, qu'ils aient été forcés. Ainsi, par exemple, lorsqu'ils ont pour cause la juste crainte d'un naufrage, d'un échouement, lorsque ainsi que nous l'avons déjà vu dans la crainte de la prise ou du naufrage, ou par suite de quelque autre accident, le capitaine est entré dans un port pour attendre la fin du danger et continuer sa route.

Jet. — On nomme jet, l'action de précipiter à la mer tout ou partie du chargement pour alléger le navire en danger. Le jet ne doit être fait et l'assureur n'en est tenu que lorsque la nécessité en a été reconnue.

Feu. — L'assureur est encore garant des incendies; mais ils doivent aussi provenir d'un cas fortuit ou de force majeure, dans les cas, par exemple, où la foudre a embrasé le navire, ou bien encore lorsque le capitaine a fait incendier le navire pour le soustraire à l'ennemi.

Prise. — Le navire assuré peut être capturé, soit par un bâtiment de guerre, soit par des pirates ou corsaires. Pour savoir à quoi l'assureur est tenu, il faut examiner quels sont les risques qu'il a pris à sa charge dans le contrat d'assurance : ne s'est-il obligé, par exemple, qu'à courir les risques de guerre, il ne serait point tenu de la prise par un pirate, et réciproquement.

Pillage. — L'assureur ne répond des risques encourus par les marchandises assurées que du jour où elles ont été chargées dans le navire ou dans les gabarres pour être portées au navire jusqu'au jour où elles sont délivrées à terre, c'est-à-dire sur le quai; si pourtant le débarquement avait été causé par cas fortuit ou force majeure, l'assureur serait toujours garant des détériorations éprouvées par les marchandises.

Arrêt par ordre de puissance. — On appelle arrêt par ordre de puissance, arrêt de prince ou embargo, l'obstacle que, par des motifs d'intérêt public, un souverain apporte au départ des navires qui se trouvent dans les ports de sa domination. Quelquefois l'arrêt est fait en pleine mer; dans ce cas, les risques sont, sans contredit, à la charge de l'assureur, car, en cas d'empêchement temporaire à la navigation, il est tenu de tous les risques, s'ils ont commencé à courir avant cet empêchement.

Représailles. — Comme tous les événements arrivés par la force majeure, les représailles sont à la charge de l'assureur.

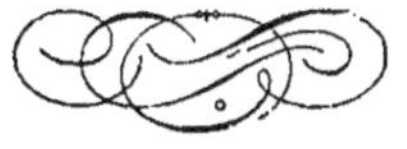

DROIT ADMINISTRATIF

———⚹———

DES AUTORISATIONS DE DONS ET DE LEGS

On comprend l'importance, pour l'Etat, des établissements publics et l'attention toute particulière qu'il doit porter sur eux, lorsque l'on songe à la somme de bien-être moral et matériel que ces établissements répandent chez les particuliers.

La nature et l'essence de la plupart des établissements publics, est de donner incessamment à des gens qui ne leur rendent pas ; ils doivent leur existence à des libéralités pieuses et charitables, et, une fois créés, ils doivent leur vie à ces mêmes libéralités.

Les dons et legs sont donc la source, non pas unique, mais principale des biens des établissements publics ; aussi allons-nous examiner avec attention les règles qui s'appliquent à l'acceptation de ces dons et legs.

Deux idées principales régissent cette matière. Il importe que les établissements publics soient riches, et, en effet, plus leurs ressources sont grandes, plus grands aussi sont les secours qu'ils peuvent distribuer et plus grand le bien être qu'ils répandent ; mais il importe aussi au même

7

degré que les biens de main-morte ne reçoivent pas un trop grand développement.

D'un autre côté, il ne faut pas que , par des libéralités irréfléchies ou mal entendues, les testateurs ou donateurs puissent dépouiller et appauvrir leurs héritiers au profit des établissements publics.

Pour atteindre ce double but, pour éviter ce grave inconvénient , le gouvernement interviendra, qui donnera ou refusera l'autorisation d'accepter les legs faits aux établissements publics, aux départements et aux communes; de telle sorte que ces derniers doivent être considérés comme des mineurs, qui ne peuvent rien faire de valable sans l'autorisation du gouvernement, leur tuteur.

Mais quel est le pouvoir appelé à donner cette autorisation ?

Sauf les modificatious introduites par le décret de 1852 , c'est le pouvoir central : le préfet transmet au ministre compétent , avec les pièces à l'appui, la demande en autorisation d'accepter le legs fait à l'établissement public ; le ministre rédige un projet de décret qui est signé par l'empereur, après avoir été soumis préalablement au conseil d'Etat. Aux termes du décret précité, le conseil d'Etat n'a plus à intervenir pour les dons et legs faits aux départements qu'autant qu'ils sont grevés de charges immobilières ou qu'il y a réclamation des familles.

Les libéralités peuvent être de différentes sortes : ou simples, ou mixtes, ou connexes. Voyons quelle est, dans ces divers cas, l'autorité compétente pour autoriser l'acceptation du legs.

Libéralités simples. — Lorsque la libéralité est simple , c'est-à-dire unique, n'ayant en vue qu'un seul établissement, c'est le préfet qui doit donner l'autorisation,

Libéralités connexes. — Si, par exemple, une libéralité est faite au profit d'une fabrique, à charge par cette dernière d'en distribuer une partie aux pauvres , il y aura là connexité. A qui appartient le droit d'autoriser cette libéralité ? Le préfet, d'après le décret du 25 mars 1852, doit autoriser les communes pour les indigents, ou bien le bureau de bienfaisance, s'il y en a un dans la commune, quelle que soit la somme léguée, tandis que les fabriques ne peuvent être autorisées que par un décret. Nous supposons, bien entendu, que la libéralité faite à la fabrique dépasse 1,000 fr. ; si, en effet, elle était inférieure à ce chiffre , comme le décret de 1852 confère aux préfets le pouvoir d'autoriser les fabriques à accepter les legs n'excédant pas 1,000 fr. , le préfet serait compétent dans les deux cas, la question ne pourrait plus se poser. Supposons que le legs excède 1,000 fr. , le préfet devra-t-il autoriser la fabrique à accepter le legs à elle fait pour les pauvres, ou bien sera-ce le ministre , ou bien chacun en ce qui le concerne ?

Cette question se trouve tranchée par la circulaire ministérielle du 25 janvier 1856, qui veut que, chaque fois que la décentralisation ne peut s'appliquer que partiellement, ce soit l'autorité supérieure qui prononce.

Libéralités mixtes. — Une deuxième difficulté peut se présenter souvent, qui a lieu lorsqu'il s'agit d'une disposition mixte: si, par exemple, le testateur a légué à *la commune* une maison pour servir d'école, et à *la fabrique* de l'argent pour l'église , le ministre doit-il donner son autorisation et le préfet la sienne ?

La solution est ici la même que pour la question de connexité que nous venons de traiter. La circulaire du 25 janvier 1856, que nous citions tout à l'heure, et un avis du conseil d'Etat du 27 décembre 1855, s'appuient, pour motiver cette décision, sur ce que, pour autoriser l'une des libéralités, l'autorité supérieure est appelée à examiner le testament en entier, et, par suite, toutes les pièces à l'appui de la demande en autorisation, ainsi que toutes les circonstances de l'affaire ; il convient donc qu'elle statue sur l'ensemble.

N'oublions pas de dire qu'avant toute proposition d'autorisation de legs, les préfets doivent avertir, par un acte extra-judiciaire, les héritiers naturels du testateur de l'existence des dons et legs qu'a faits leur auteur au profit d'établissements publics, et les mettre ainsi en demeure de déclarer s'ils adhèrent ou non à l'acceptation de ces dons et legs.

N'oublions pas non plus que toutes les fois qu'il y a réclamation de la part des héritiers, le préfet devient incompétent, quelle que soit la somme léguée, quel que soit l'établissement légataire.

Nous connaissons maintenant quelle est l'autorité compétente dans tous les cas, simples, mixtes ou connexes, pour statuer sur les demandes en autorisation d'accepter le legs ; il nous reste à voir quelles décisions peut prendre cette autorité, décisions dans lesquelles le gouvernement cherchera toujours à respecter l'intérêt des familles et l'intérêt des établissements, en même temps qu'il évitera d'augmenter outre mesure les biens de main-morte, trois principes fondamentaux que nous avons posés au début.

De là, pour le gouvernement, la faculté d'autoriser ou de réduire les libéralités, ou de refuser l'acceptation.

Il peut donc y avoir de la part du gouvernement :

1º *Autorisation pure et simple d'accepter.* — Ce cas est peut-être le moins fréquent, car l'administration accueille difficilement toutes les conditions qui sont mises d'ordinaire par le donateur à l'accomplissement de sa libéralité. Les raisons de décider dans le sens d'une autorisation pure et simple peuvent être les suivantes :

1o Le peu d'importance de la donation eu égard à la fortune du donateur ;

2o L'origine des biens donnés ;

3o Le but louable que le donateur s'est proposé ;

4o Les conditions qui sont de nature à être agréées sans inconvénients, etc., etc.

2o Autorisation d'office. — Lorsque l'établissement donataire ou légataire propose le refus du don ou du legs, il peut être forcé de l'accepter par l'autorité supérieure qui intervient pour apprécier à sa juste valeur l'opportunité de ce refus.

3o Autorisation d'accepter avec certaines modifications ou réductions. — Distinguons ici entre les libéralités faites par une personne vivante et un legs. Dans le premier cas, l'autorité demandera au donateur de modifier sa donation dans le sens qu'elle lui indiquera, afin que, ainsi modifiée, elle soit présentée de nouveau à son autorisation.

S'il s'agit d'un legs, comme il est impossible que le testament soit refait, l'autorité modifiera ce legs, si elle le juge utile, en respectant autant que possible, les dernières volontés du testateur.

4o Refus d'autorisation. — Deux cas peuvent se présenter : l'administration peut n'avoir qu'à confirmer le refus proposé par l'établissement auquel le don ou le legs a été fait, ou bien elle peut refuser d'autoriser l'acceptation, contrairement au vœu de l'établissement et à la délibération prise par ses administrateurs. Dans le premier cas, point de difficulté, puisque les vues de l'administration supérieure et celles de l'établissement sont les mêmes ; dans le second cas, l'administration agit en vertu du pouvoir souverain et de la haute tutelle qui lui appartient en ces matières.

Vu par le Professeur, Président de la Thèse,

CARLES.

Vu et permis d'imprimer :

Le Recteur de l'Académie d'Aix,

Commandeur de la Légion d'honneur,

DESCLOZEAUX.

Nimes. — Typ. Clavel-Ballivet et Ce, rue Pradier, 12.

9 782013 448611